Julia Sickfeld, Nanda Grooff

Adopition - Kinder im Vermittlungsprozess

GRIN Verlag

Bibliografische Information der Deutschen Nationalbibliothek:

Die Deutsche Bibliothek verzeichnet diese Publikation in der Deutschen National-
bibliografie; detaillierte bibliografische Daten sind im Internet über http://dnb.d-
nb.de/ abrufbar.

Impressum:

Copyright © 2007 GRIN Verlag GmbH
Druck und Bindung: Books on Demand GmbH, Norderstedt Germany
ISBN: 978-3-640-09928-3

Dieses Buch bei GRIN:

http://www.grin.com/de/e-book/93565/adopition-kinder-im-vermittlungsprozess

Fachhochschule Erfurt

Fachbereich: Soziale Arbeit

Referatsausarbeitung

Seminar: „Adoption – ein (un-)bekanntes Thema"

Thema: „Kinder im Vermittlungsprozess"

Geschrieben von:

Nanda Grooff und Julia Sickfeld

Inhaltsverzeichnis

1 Kinder im Vermittlungsprozess

Wenn Kinder sich im Vermittlungsprozess befinden, sind bereits seelische Verletzungen vorhanden. Die Kinder haben ihre ganz eigenen Themen, die sie durch den Alltag begleiten. Die Trennung von den leiblichen Eltern kann Bindungs- und Verlustängste verursachen. Die Kinder fühlen sich gekränkt, weil sie weggegeben worden sind. Identitäts- und Loyalitätskonflikte sowie Selbstzweifel können entstehen. Das neue Familienleben macht die Übertragung früherer Familiengewohnheiten schwierig oder sogar unmöglich und das Kind muss sich anpassen. Wenn es das Kind an Perspektiven fehlt, kann die Anpassung umso schwieriger werden.

2 Traumatisierung und die Folgen

2.1 Posttraumatische Stressreaktionen

Ein Kind hat die Möglichkeit, Reize von Außen aufzunehmen und einzuordnen. Diese Möglichkeiten entwickeln sich mit zunehmendem Alter und sind bei jedem Kind anders. Wenn das Kind zu wenig Reize bekommt, wird es anfangen danach zu suchen. Wenn es jedoch zu vielen Reizen ausgesetzt ist und die Eltern nicht für genügend Schutz sorgen, wird es den Reizen ausweichen. „Mütterliche Sorge ist ein Reizschutz und hilft bei der Angstbewältigung."[1] Fehlt der Reizschutz, bedeutet dies Stress für das Kind, was wiederum verbunden ist mit Gefühlen der Angst, Hilflosigkeit und Wut. Das Kind wird traumatisiert.

Das Wort „Trauma" kommt aus dem Griechischen und bedeutet „Wunde". Es gibt zwei Typen von Traumata, die für das Entstehen von Posttraumatischen Stressreaktionen verantwortlich sind. Typ 1 entsteht, wenn das Kind einem uner-warteten traumatischen Erlebnis ausgesetzt ist. Wie zum Beispiel die Trennung der Eltern und somit die Trennung des Kindes von einem Elternteil (was auch durch Tod eines Elternteils passieren kann), ein schrecklicher Unfall, eine Gewalterfahrung, eine Naturkatastrophe oder ein plötzlicher Sterbefall. Typ 2 entsteht durch

---

[1] http://www.faskinder.de/03_hilfen/hilfen_bei_trauma.htm , Annäherung an die nur schwer zu erkennenden sprachlosen Traumen der frühen Kindheit, Frau Niestroj, Holzminden 1998

wiederholte, extrem negative Ereignisse. Wie zum Beispiel wiederholter sexueller Missbrauch, im Krieg oder im persönlichen Leben erlebte Gewalt oder andauernde Vernachlässigung (Erziehungsunfähigkeit der Eltern).

Die Folgen von Traumatisierungen können sein, dass sich die Reifung und Entwicklung des Kindes sehr ungleichmäßig und auch problematisch gestalten kann. Es führt oft zu einem geringen Schutz vor Stress und Frustrationen, einem begrenzten Verantwortungsbewusstsein und wenig Toleranz in Bezug auf Regeln und Normen. Des Weiteren kann eine Bindungsunsicherheit entstehen, welche den Aufbau von Vertrauen zur neuen Familie erschwert. Die Kinder haben einen erhöhten Bedarf an Aufmerksamkeit und möchten möglichst oft im Mittelpunkt stehen. Außerdem können Traumatisierungen verschiedene Krankheiten auslösen. Dazu gehören z. B. Essstörungen wie Bulimie oder Borderlinestörungen, das so genannte „Ritzen", denn Körpergefühl und Schmerzempfinden der Kinder sind gestört.

2.2 Bedürfnisse traumatisierter Adoptivkinder

Soweit Informationen über die Vergangenheit des Kindes vorliegen, sollte das Geschehene von allen Beteiligten anerkannt werden. Die Geschichte gehört zum Kind. Wenn es verneint wird, erschwert es die Bindung, weil sich das Kind nicht verstanden fühlt. „Wollen die Pflegeltern wissen, was ihr Pflegekind früher erlebt hat und was wirklich geschehen ist, und sind sie bereit, sich das Unvorstellbare vorzustellen, trägt dies zur Überwindung der Einfühlungsverweigerung bei."[2] Man sollte verbalisieren, dass man das Kind verstehen möchte, dies kann die Situation entlasten. Trotz eventuell auffälligem Verhalten, möchten die Kinder geachtet und gefördert werden. Sonst trägt man als Adoptiveltern auch zu wenig zur Entfaltung des Kindes bei. Wenn das Kind über die Adoption informiert ist, sollten die leiblichen Eltern nicht verneint werden. Sie sollten einen Platz im Leben des Kindes haben. Die Identitätsentwicklung des Kindes kann man unterstützen durch positive Beeinflussung und durch das Aufzeigen einer Zukunftsperspektive. Eine erneute

---

[2] http://www.faskinder.de/03_hilfen/hilfen_bei_trauma.htm → Annäherung an die nur schwer zu erkennenden sprachlosen Traumen der frühen Kindheit, Frau Niestroj, Holzminden 1998

Reizüberflutung sollte vermieden werden. Durch die Traumatisierung ist der Reiz-schutz meist nicht mehr vorhanden und das Kind kann sich nicht mehr selbst vor Reizen schützen.

Das Kind kann das Geschehene und die Folgen der Adoption nicht ohne Hilfe bewältigen. „Ein Kind kann die Last des Schmerzes nicht allein tragen. Es braucht Menschen, die ihm dabei helfen. Helfen heißt mitschwingen mit dem Kind in seinen Gefühlen und seinem Erleben."[3] Es braucht eine verlässliche und feinfühlige Bindungsperson. Man sollte dem „Erinnern" nicht im Wege stehen, sondern geschehen lassen, das Kind unterstützen und helfen, Worte für das Geschehene und die Gefühle zu finden. Gemeinsam eine Zukunftsperspektive aufzeigen und das Selbstwertgefühl des Kindes stärken. Therapeutische Begleitung kann für beide Seiten sehr hilfreich sein und man sollte sich nicht schämen, dies in Anspruch zu nehmen.

Wenn das Kind genug Abstand zum traumatisierenden Umfeld geschaffen hat, hat es die Möglichkeit die Vergangenheit aufzuarbeiten. Die Adoptiveltern rücken jetzt an die Stelle der leiblichen Eltern und frühere Konflikte mit den leiblichen Eltern können jetzt durch eine feinfühlige Reaktion geklärt werden.

3 Umgang bzw. Kontakt mit/zu den leiblichen Eltern

Bei einer offenen Adoption ist der Umgang mit den leiblichen Eltern eine Option, die gut durchdacht werden sollte. Positive Entwicklungen des Kindes in der Adoptivfamilie hängen oft mit dem Ende der bedrohlichen Situation zusammen. Dies kann schnell ein Ende nehmen, wenn das Kind ständig mit früheren Erfahrungen konfrontiert wird. Es kann eine Retraumatisierung auftreten, wenn das Geschehen noch nicht vollkommen verarbeitet wurde. Das Kind kann heftige Verstörungs- und Belastungsreaktionen zeigen, die die Verarbeitung erheblich erschweren.

---

[3] http://www.faskinder.de/03_hilfen/hilfen_bei_trauma.htm → Annäherung an die nur schwer zu erkennenden sprachlosen Traumen der frühen Kindheit, Frau Niestroj, Holzminden 1998

Sogar Kleinkinder sind psychisch sehr sensibel für traumatische Erlebnisse. Daraus lassen sich Verwirrung, Erstarrung und Angst der Kleinkinder in Konfrontationssituationen erklären.

Leider gibt es viele Kinder, die durch das Verhalten der Eltern und das zu späte Handeln der Behörden, seelisch sehr schwer geschädigt werden. Die schwersten Folgen von Traumatisierungen können sein:

- Schwere Verhaltensauffälligkeiten

„Das ununterbrochene Einnässen und Einkoten, das Verschmieren von Kot, die unbeschreibliche Gier nach allem, was eßbar ist, und die Unfähigkeit, sich verbal mitzuteilen,..."[4]

- Keine Individualität, Persönlichkeit oder eigenen Willen

„Maik erschien uns wie eine leblose Hülle, die ständig mit Gedanken, Empfindungen und Leben angefüllt werden mußte, wie ein Roboter, der auf Knopfdruck jeden Befehl widerstandslos ausführte, der aber niemals eigeninitiativ und selbständig handeln würde."[5]

- Ausgeprägte Bewegungsstörungen

„Er ist nun vier Jahre alt und bewegt sich wie ein Roboter, ist unfähig, selbst auf einen kleinen Stein zu klettern."[6]

- Unberechenbares Verhalten

„Er war aggressiv bis zur Bösartigkeit, er trat, biß, schlug und versuchte beharrlich, sie zu provozieren. Wenn sie ihm vorlasen oder sich mit ihm unterhielten, stach er blitzschnell mit seinen Zeigefinger in ihre Augen. Er schmiß Lebensmittel durch das Haus, quälte den Hund und pinkelte Herrn Henze an. Aus heiterem Himmel – mitten im schönsten Spiel – biß er mit aller Kraft zu oder trat mit voller Wucht in den Bauch oder ins Gesicht."[7]

---

[4] Rodenberg, Holger und Steiner, Marianne: Paragraphen- Kinder, Erfahrungen mit Pflege- und Adoptivkindern, Rowohlt Taschenbuch Verlag 1991, Seite 28
[5] dito, Seite 50
[6] dito, Seite 96
[7] dito, Seite 102

- Ungezügelte Wut und Depressionen

„...und schwankte in ihrem Verhalten zwischen aggressivsten Wutausbrüchen, in denen sie sich selbst und andere in Gefahr brachte, und in Phasen so tiefer und erschütternder Hoffnungslosigkeit und Zurückgezogenheit, wie wir sie nie zuvor an einem unserer Kinder beobachtet haben."[8]

- Angstreaktionen und abgrundtiefes Misstrauen

„Es dauerte eine Weile, bis wir begriffen, daß Michaelas unberechenbares Verhalten fast immer Angstreaktionen waren. Ihre Ängste schienen sie innerlich geradezu aufzufressen und auszuhöhlen. Ihr Mißtrauen gegen Menschen war abgrundtief und nahm uns vor allem in der Anfangszeit jede Möglichkeit, ihr Zuwendung zu geben."[9]

So gibt es noch viele andere Beispiele. Viele Traumatisierungen hinterlassen so gravierende Spuren, dass die Kinder niemals in der Lage sein werden, diese aufzuarbeiten, geschweige denn zu verstehen, was mit ihnen passiert ist. Das bedeutet für viele Kinder, dass sie niemals ein „normales" Leben führen werden. Sie werden immer von ihrer Vergangenheit gezeichnet sein. Es ist an uns zu erkennen, wieso ein Kind verhaltensauffällig ist. Wieso es sich selbst oder anderen weh tut oder in Gefahr bringt. Die Herkunft und die Vergangenheit des Kindes dürfen nicht vernachlässigt werden. Hieraus kann man schließen, was ein Kind erlebt hat und wieso es so ist und sich so verhält, wie es das eben tut. Das Wohl des Kindes sollte immer im Mittelpunkt stehen, ungeachtet dessen was für Kindheitstraumata seine Eltern erlitten haben, welche Krankheiten sie haben oder in welchem psychischen oder physischen Zustand sie sich befinden. Das Kind und seine Entwicklung sollten am Wichtigsten sein. Wenn man als Vermittler dem Kind ein liebevolles Zuhause geben kann, wo sie Geborgenheit, Vertrauen und Sicherheit erfahren können, sollte man das machen, egal wie oft und angeblich überzeugend die leibliche Mutter sagt, sie wird in Zukunft mehr Verantwortung übernehmen. Denn die Vergangenheit des Kindes ist schon entstanden und nicht mehr wieder gut zu machen. Warum ihm dann auch noch seine Zukunft nehmen?

---

[8] dito, Seite 122
[9] dito, Seite 122

4 Vermittlung von Geschwistern

In den Studien, die uns vorlagen, konnte weder belegt, noch widerlegt werden, ob eine Vermittlung von Adoptivkindern mit oder ohne deren Geschwister erfolgreicher ist (Kasten, 1993, S. 187). Der Vermittlungserfolg hängt stark vom Alter und von der Vorgeschichte der Kinder ab. Doch je älter und je mehr negative Erfahrung die Kinder in ihrer leiblichen Familie gemacht haben, umso größer ist die Rivalität um die Elternliebe der neuen Adoptiveltern (ebd., S. 192). Die Kinder und Jugendlichen, die zur Adoption freigegeben werden, kommen meist aus kinderreichen Familien und sind deshalb oft froh, wenn sie eine Familie für sich allein haben.

Die zur Adoption freigegebenen Geschwister weisen eher selten eine Vorgeschichte ohne Misshandlung bzw. Vernachlässigung auf. In diesen seltenen Fällen zeigt die Erfahrung der Jugendämter, dass die Adoption weit weniger Probleme für Kinder darstellt. In positiven Geschwisterverhältnissen sind die Kinder froh, wenn sie mit ihren Geschwistern vermittelt werden und somit jemanden haben, den sie schon kennen (ebd., S. 192f). Eine gemeinsame Vermittlung der Geschwister hat Einfluss auf die Verarbeitung von Eltern-Kind-Erfahrungen und auf die Dauer der Eingewöhnung in die neue Familie.

Für eine erfolgreiche Vermittlung sollten sowohl von der Vermittlungsstelle als auch von der Familie folgende Punkte beachtet werden, die jede Vermittlung als Einzelfall erkennen lassen (ebd., 193-195):

- ➢ Wie eng sind die Kinder emotional miteinander verbunden?
- ➢ Welche Qualität hat ihre geschwisterliche Beziehung?
- ➢ Welche Rolle nehmen sie füreinander ein? Z. B. kann bei größerem Altersunterschied ein Beschützerinstinkt von älteren Kindern für die Jüngeren bestehen.
- ➢ Welche Wünsche und Erwartungen haben die Kinder an das neue Familienleben?
- ➢ Wollen die Kinder lieber getrennt oder gemeinsam untergebracht werden?

In einem Beispiel hatten vier Geschwister den Wunsch, in drei Pflegefamilien getrennt unterzukommen. Sie entwickelten sich sehr gut und hielten einen engen Kontakt zu ihren Geschwistern (ebd., S. 194f).

5 Vermittlung in Familien mit leiblichen Kindern

Bei einer Vermittlung eines Kindes in eine Familie, die bereits leibliche oder adoptierte Kinder hat, sind Konflikte anfangs vorprogrammiert und auch normal (ebd., S. 190). Allerdings wird die Adoption besonders schwierig, wenn der Altersunterschied mehr als drei Jahre beträgt und das neu adoptierte Kind älter als das leibliche/bereits adoptierte Kind ist. Das verstößt gegen die "natürliche" Abfolge in Geschwisterkonstellationen (ebd., S. 195-197).

Wichtig für die Adoptiveltern ist es, zu wissen, dass die entstehenden Konflikte legitim sind. Eltern müssen lernen, diese Konflikte anzunehmen und über die dabei entstehenden Gefühle in der Familie zu sprechen. Eine Lösung kann dabei der individuelle Beziehungsaufbau sein. Die sonst empfohlene "Gleichbehandlung" ist nicht effektiv, da jedes Kind einen eigenen Platz bei den Eltern braucht. So ist es besser, eine individuelle Zeit mit den einzelnen Kindern zu verbringen und sich ganz auf deren Bedürfnisse einzustellen.

Die Offenheit der Eltern und deren positive Grundeinstellung übertragen sich auf das leibliche Kind, das somit eine Chance erhält, das evtl. abweichende Verhalten des Adoptivkindes zu verstehen und zu akzeptieren.

Wenn diese Punkte beachtet werden, dann ist der Aufbau einer normalen Geschwisterbeziehung möglich (ebd., S. 198). Aber auch hier ist diese Entwicklung zusätzlich von der Vorgeschichte und dem Alter des Kindes/der Kinder abhängig.

6 Vermittlung älterer Kinder

Mit steigendem Alter der zur Vermittlung stehenden Kinder können Probleme einhergehen. So sind die evtl. gemachten, traumatischen Erfahrungen von z. B. Mutterentbehrungen weit größer als bei jüngeren Kindern. Auch leiden einige Kinder

unter den mehr oder weniger häufigen Wechseln und Trennungen von Betreuungs-
personen, wenn sie z. B. von ihrer leiblichen Familie ins Heim kamen, dort sich an
verschiedene Betreuer gewöhnen mussten, und dann in eine Pflege- oder Adoptionsfamilie kommen. Bei älteren Kindern, die bereits im Heim waren, ist dann auch die
Dauer der Heimaufenthalte entscheidend (Ebertz, 1997, S. 27).

Die aktuellen Statistiken sind beziehen sich meist nur auf die Umstände einer
Adoption, weniger auf das Alter der vermittelten Kinder. Diese sind dann meist etwas
älter. Eine Studie von 1983 (aus den alten Bundesländern) hat ermittelt, dass nicht
mal die Hälfte (43 %) der vermittelten Kinder unter drei Jahren war, knapp 20 % der
Kinder waren im Alter von sechs bis zwölf Jahren und nur 13 % der Kinder waren
älter als zwölf Jahre (ebd., S. 27).

Dabei ist bisher nicht bewiesen, dass die Probleme in der Adoptionsfamilie
proportional zum Lebensalter der Kinder ansteigen. Die größte Schwierigkeit bei der
Vermittlung von älteren und behinderten Kindern besteht eher darin, dass die Angst
der Adoptiveltern zu groß ist vor eventuellen Heimschädigungen und vor möglichen
Problemen, die mit der Vorgeschichte des zur Vermittlung stehenden Kindes einhergehen könnten.

7 Fazit

In einer Befragung von adoptierten Erwachsenen konnten keine Unterschiede
in den Persönlichkeitsmerkmalen festgestellt werden (ebd., S. 33). Im Interview mit
den erwachsenen Adoptivkindern (ebd., S. 69-73) stellen sich Punkte heraus, die für
die Kinder am wichtigsten erscheinen. So sollen Adoptiveltern vor der Adoption mit
eventuell auftretenden Schwierigkeiten rechnen, da Kinder die Grundeinstellung der
Eltern sehr genau spüren (ebd., S. 70).

Auch haben Adoptivkinder große Schwierigkeiten damit, dass keine körper-
liche Ähnlichkeit zu den Adoptiveltern besteht. Dies scheint zwar ein gesellschaft-
liches Problem zu sein, da es als "unnormal" gilt, wenn Kinder ihren Eltern nicht
ähnlich sehen. Doch es belastet viele Adoptivkinder, da dies immer wieder der Grund
ist, warum sie von anderen auf die Adoption angesprochen werden. Je häufiger sie

darauf angesprochen werden, je größer die Unähnlichkeit ist, umso weniger fühlen sie sich akzeptiert (ebd., S. 71).

In Familien mit leiblichen und adoptierten Kindern glauben letztere häufig, dass von den Eltern eine gefühlsbetontere Beziehung zum leiblichen Kind besteht als zum adoptierten Kind. Dies bekräftigt noch einmal den Hinweis bei einer Adoption zu einem leiblichen Kind den individuellen Beziehungsaufbau (ebd., S. 71f).

Ein weiterer wesentlicher Aspekt für Erwachsene, die als etwas älteres Kind adoptiert wurden, ist das Gefühl, als Adoptierte Teil eines "Geschäftes" zwischen Adoptiveltern und Behörde zu sein (ebd., S72). Dies wurde auch durch den Geldbetrag, den Annehmende zahlen mussten, und das früher fehlende Mitbestimmungsrecht verstärkt.

8 Quellen

Ebertz, Beate: Adoption als Identitätsproblem, Zur Bewältigung der
Trennung von biologischer Herkunft und sozialer Zugehörigkeit.
Freiburg im Breisgau, Lambertus-Verlag 1987

Hoksbergen, Renè (Hg.): Die Folgen von Vernachlässigung, Erfahrungen mit
Adoptivkindern aus Rumänien, Schulz- Kirchner Verlag 2003

Kasten, Hartmut: Die Geschwisterbeziehung, Band II, Göttingen,
Hogrefe 1993

Rodenberg, Holger und Steiner, Marianne: Paragraphen- Kinder, Erfahrungen
mit Pflege- und Adoptivkindern, Rowohlt Taschenbuch Verlag 1991

http://www.sanktjohannis.org → Umgang mit Kindern in Pflegefamilien-
Voraussetzungen und Grenzen

http://www.irmelawiemann.de → Bedürfnisse adoptierter Kinder

http://www.faskinder.de/03_hilfen/hilfen_bei_trauma.htm → Annäherung an die nur
schwer zu erkennenden sprachlosen Traumen der frühen Kindheit